escola - yachay wasi	2
viatge - ch'usay	5
transport - astana	8
ciutat - llaqta	10
paisatge - wanlla	14
restaurant - mikhuna wasi	17
supermercat - jatun qhatu	20
begudes - upyanakuna	22
menjar - mikhuna	23
granja - chakra wasi	27
casa - wasi	31
sala d'estar - k'illi wanlla	33
cuina - wayk'una wasi	35
bany - akana wasi	38
cambra de nen - wawa k'uchu	42
roba - p'acha	44
oficina - ujisina	49
economia - qullqikamay	51
oficis - llamk'aykuna	53
eines - ruk'awi	56
instrument de música - takichiy nakuna	57
zoo - jatun uywa kancha	59
esports - atipanaku pukllay	62
activitats - ruwakuna	63
família - yawar masikuna	67
cos - uqhu	68
hospital - Jampina wasi	72
urgència - urjinsia	76
terra - Pacha	77
rellotge - phani (kuna)	79
setmana - qanchischaw	80
any - wata	81
formes - pacha tupusqa rikch'ay	83
colors - llimp'ikuna	84
oposats - wakjinakuna	85
nombres - yupaykuna	88
llengües - simikuna	90
qui / què / com - pi / ima / imayna	91
on - maypi	92

Impressum
Verlag: BABADADA GmbH, Nedderfeld 112 , 22529 Hamburg
Geschäftsführer / Verlagsleitung: Harald Hof
Druck: Books on Demand GmbH, In de Tarpen 42, 22848 Norderstedt

Imprint
Publisher: BABADADA GmbH, Nedderfeld 112 , 22529 Hamburg, Germany
Managing Director / Publishing direction: Harald Hof
Print: Books on Demand GmbH, In de Tarpen 42, 22848 Norderstedt

escola
yachay wasi

- dividir / rak'iy
- tauler / pirqa qillqana
- classe / yachaqaywasi
- pati (de l'escola) / kancha
- professor / yachachiq
- paper / raphi
- escriure / qillqay
- estilogràfica / qillqana
- scriptori / llamk'a jamp'ara
- regle / chiqanchana
- llibre / p'anqa
- estudiant / yachaqaq

bossa
wayaqa

estoig
p'uktaki llimp'i qillqana

llapis
yana qillqana

maquineta de fer punta
ñawch'ina

goma
qillqakhituna

bloc de dibuix
qillqana p'anqa siq'inapaq

dibuix
siq'i

pinzell
chukcha llimp'ina

capsa de pintures
p'uktaki llimp'ikuna

tisores
k'utuna

cola
k'akachana

quadern d'exercicis
qillqana p'anqa ruwanakuna

deures
kamachinakuna

nombre
yupay

afegir
yapay

sostreure
qhichuqay

multiplicar
mirachay

calcular
yupanchay

lletra
sanampa

alfabet
sanampakuna

mot
simi rimay

escola - yachay wasi 3

text	llegir	guix
qillqa	ñawiriy	iskuna

lliçó	llibre de classe	examen
yachachina	qillqana p'anqacha	chaninchana

certificat	uniforme escolar	formació
certificaru	uniforme	yachay

enciclopèdia	universitat	microscopi
jatun simi pirwa	Jatun yachaywasi	microscopio

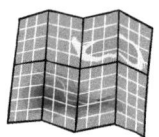 

mapa	paperera
saywa siq'i	raphi chuqana

escola - yachay wasi

viatge
ch'usay

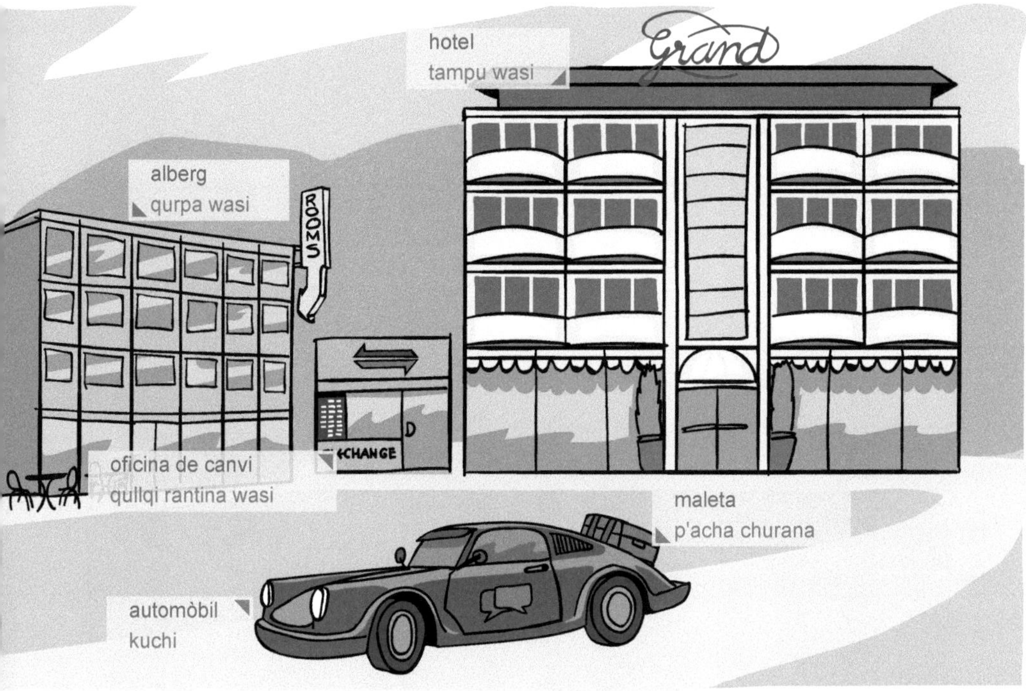
hotel
tampu wasi
Grand
alberg
qurpa wasi
ROOMS
oficina de canvi
qullqi rantina wasi
CHANGE
maleta
p'acha churana
automòbil
kuchi

llengua
simi

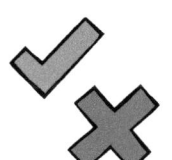

sí / no
ari / mana

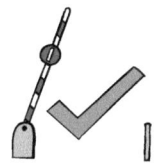

D'acord
ari

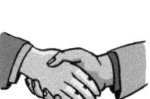

salut
Imaynalla

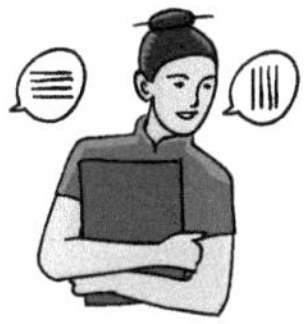

traductor
tikraq

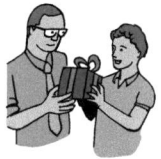

gràcies
Pachi

Quant costa... ?

¡Machkhataq?

No entenc

Mana yachanichu

problema

ch'ampay

Bona nit!

¡Allin tuta!

bon dia!

¡Allin P'unchaw!

bona nit!

¡Allin tuta!

fins aviat

tinkunakama

direcció

pusachay wasi

bagatge

q'ipi

bossa

wayaqa

sarrona

wasa wayaqa

convidat

jamuynisqa

cambra

wasi

sac de dormir

puñunapaq wayaqa

tenda

tienda

viatge - ch'usay

oficina de turisme
turismu willakuy

platja
quchapata

carta de crèdit
tarjita kriditumanta

esmorzar
paqarin mikhuy

dinar
chawpi p'unchaw mikhuy

sopar
tuta mikhuy

bitllet
qullqi

ascensor
makina wicharinapaq

segell
unanchana

frontera
saywa

duana
adwana

ambaixada
imwajada

visat
visa

passaport
pasapurti

viatge - ch'usay

transport
astana

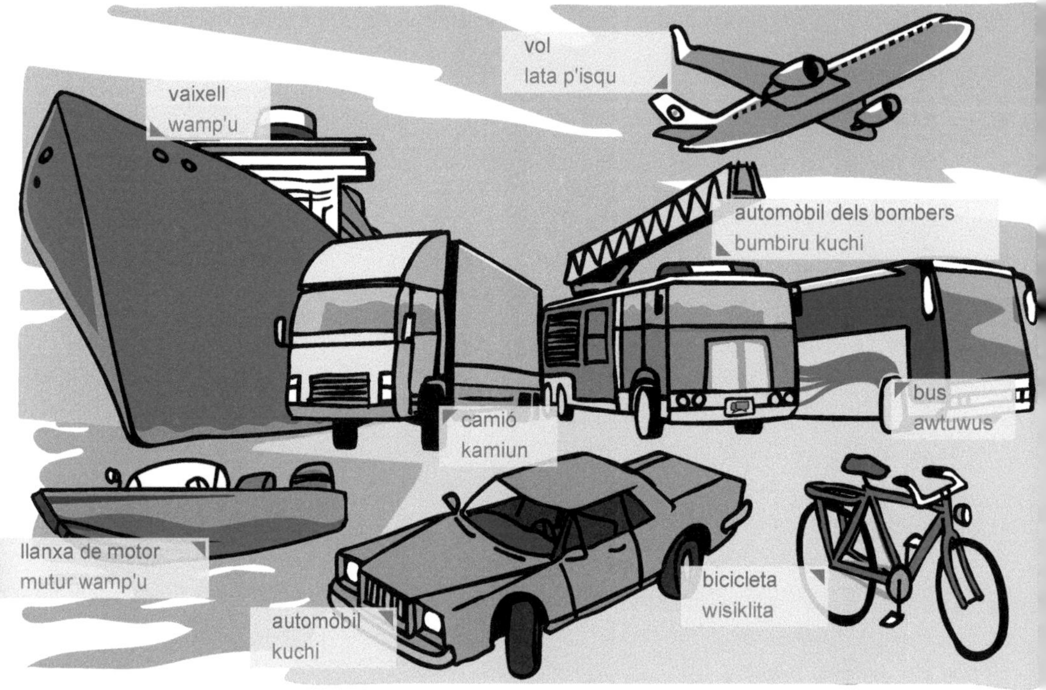

vol
lata p'isqu

vaixell
wamp'u

automòbil dels bombers
bumbiru kuchi

camió
kamiun

bus
awtuwus

llanxa de motor
mutur wamp'u

bicicleta
wisiklita

automòbil
kuchi

transbordador

quchacha

barca

wamp'u

moto

mutu

automòbil de policia

pulisiyap autun

automòbil de curses

usqay karru

automòbil de lloguer

kuchi manukuna

transport - astana

vehicle compartit
kuchi manu

grua
grua

camió de les escombraries
q'upa kamiun

motor
mutur

benzina
gasulina

benzineria
gasulinamanta istasiun

senyal de trànsit
chakatana sanampa

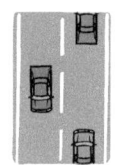

trànsit
trajiku

embús
chakatana

aparcament
istasiun

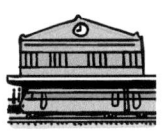

estació de trens
trin estasiun

vies
ñankuna

tren
trin

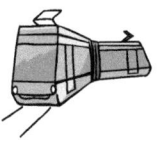

tramvia
tranwia

vagó
wagun

helicòpter
ilikuptiru

aeroport
lata p'isqu kiti

torre
pukara

passatger
pasaqlla

contenidor
jatun p'uktaki

capsa de cartó
karton p'uktaki

carretó
kapachu

cistella
isanka

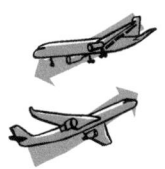

enlairar-se / aterrar
phaway / uray

ciutat
llaqta

poble
llaqta

centre de la ciutat
chawpi jatun llaqta

casa
wasi

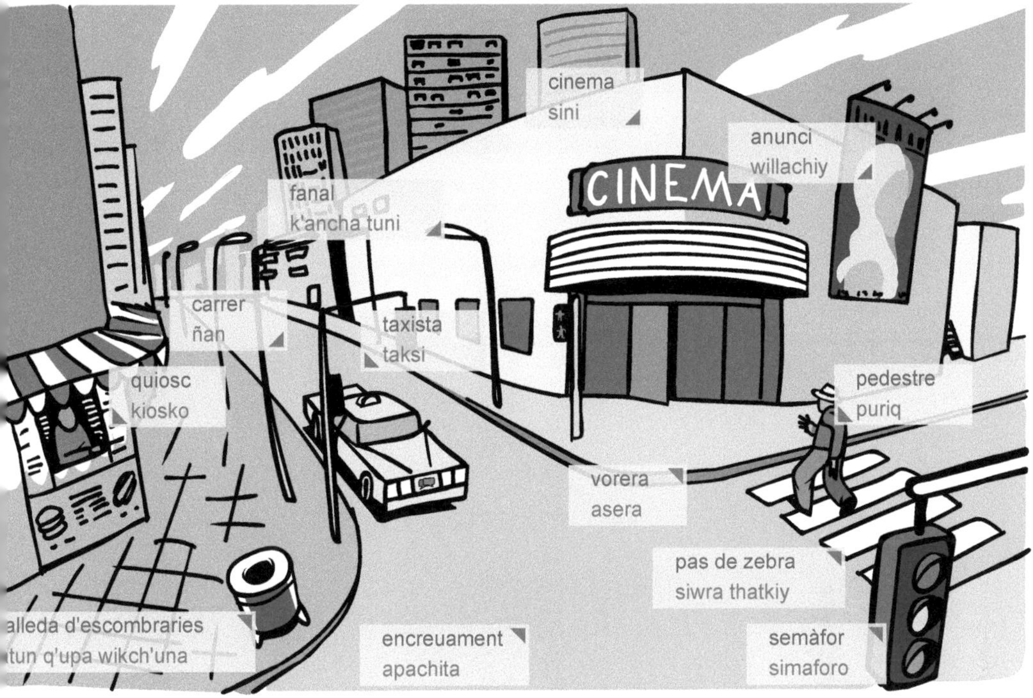

- cinema / sini
- anunci / willachiy
- fanal / k'ancha tuni
- carrer / ñan
- taxista / taksi
- quiosc / kiosko
- pedestre / puriq
- vorera / asera
- pas de zebra / siwra thatkiy
- alleda d'escombraries / tun q'upa wikch'una
- encreuament / apachita
- semàfor / simaforo

cabana
ch'ullka

apartament
apartamento

estació de trens
trin estasiun

casa de la vila-ciutat
tantanakuy wasi

museu
rikuchina wasi

escola
yachay wasi

ciutat - llaqta

universitat
Jatun yachaywasi

banca
qullqi pirwa

hospital
Jampina wasi

hotel
tampu wasi

farmàcia
jampi ranqhana wasi

oficina
ujisina

llibreria
p'anqa pirwa

botiga
tienda

floristeria
t'ika wasi

supermercat
jatun qhatu

mercat
qhatu

gran magatzem
jatun pirwa

peixateria
challwa wasi

centre comercial
jatun rantina wasi

port
wamp'u qhispinan

ciutat - llaqta

parc
jark'asqa chiqan

banc
qullqi pirwa

pont
chaka

escala
wichana

metro
metro

túnel
suqhu

baixada d'autobús
autuwus sayana

bar
bar

restaurant
mikhuna wasi

bústia de correu
willa qillqa juch'uy wanqara

senyal indicador
t'uqsi tuni

parquímetre
parkimetro

zoo
jatun uywa kancha

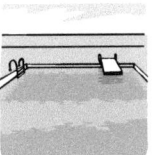

piscina
armakuna

mesquita
meskita

ciutat - llaqta

granja
chakra wasi

pol·lució
pacha unquchiq

cementiri
Aya pampa

església
iñiy wasi

parc infantil
pukllana kancha

temple
Qhapana

paisatge
wanlla

- fulla / raphi
- cartell indicador / sanampa
- camí / ñan
- prat / waylla
- pedra / rumi
- excursionista / puriq runa
- arbre / sach'a
- riu / mayu
- gespa / sach'a
- flor / t'ika

paisatge - wanlla

vall qhichwa	muntanya muqu	llac qucha
	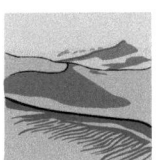	
bosc Sach'a sach'a	desert purun	volcà nina phuqchiq urqu

castell kastilla wasi	arc de Sant Martí k'uychi	bolet champiñun

palmera chunta	moscard ch'uspi	mosca ch'uspi

formiga sik'imira	abella wara	aranya kusi kusi

paisatge - wanlla

escarabat
ch'iqi

granota
k'ayra

esquirol
artilla

eriçó
askanku

llebre
liwre

òliba
ch'usiqa

ocell
p'isqu

cigne
yuku p'isqu

senglar
sintiru

cervo
sierwu

ant
alsi

presa
waykhasqa

turbina
wayrakallpa

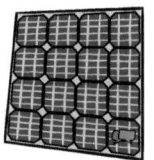

panell solar
inti panil

clima
pacha wayra

paisatge - wanlla

restaurant
mikhuna wasi

cambrer
wayna yanapaq

menú
menu

cadira
tiyana

sopa
supa

pizza
pitsa

coberts
tumina

tovalla
mast'a jamp'ara

primer plat
ñawpaq mikhuna

plat principal
yari mikhuna

darreries
mikhuy yapa

begudes
upyanakuna

menjar
mikhuna

ampolla
wutilla

restaurant - mikhuna wasi

menjar ràpid
saqra ura

menjar de carrer
kalli mikhuna

tetera
te churana

sucrer
misk'i churana

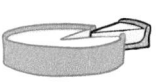

porció
chhika

màquina d'espresso
cajitira iksprisu

trona
jatun tiyana

factura
yupay

plata
bandija

ganivet
tumi

forquilla
tinidur

cullera
wislla uña

cullereta
juch'uy wislla uña

tovalló
simi pichana

got
qhispi akilla

restaurant - mikhuna wasi

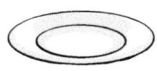
plat
chuwa

plat de sopa
chuwa

plateret
chuwa

salsa
salsa

saler
kachi churana

molinet de pebre
pimienta kutana

vinagre
k'allkucha

oli
llukllu

espècies
ch'aki q'mirkuna

quètxup
ketchup

mostassa
mostaza

maionesa
mayonisa

restaurant - mikhuna wasi

supermercat
jatun qhatu

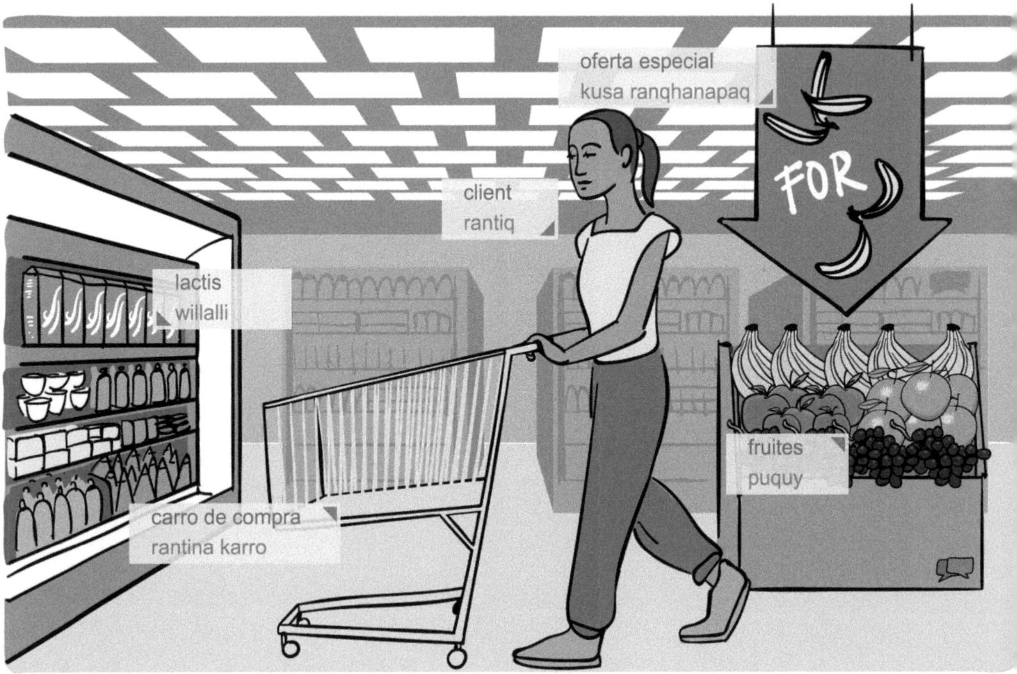

oferta especial
kusa ranqhanapaq
FOR
client
rantiq
lactis
willalli
fruites
puquy
carro de compra
rantina karro

BUTCHERS

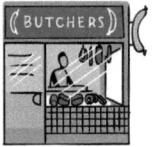

carnisseria

aicha wasi

BAKERY

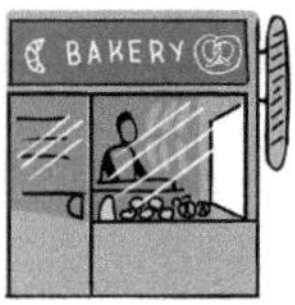

forn de pa

t'anta wasi

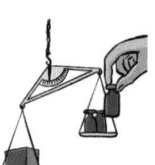

moure

llasay

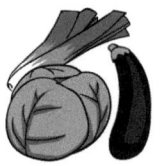

verdures

q'umirkuna

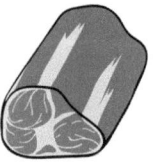

carn

aycha

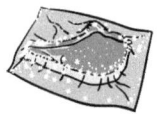

menjar congelat

chhullunka mikhuna

carn freda
quqawi

conserves
mikhuna unaychasqa

detergent en pols
ditirjinti

dolços
misk'ikuna

articles domèstics
wasimanta pruduktu

productes de neteja
maylla produkto

venedora
ranqhaq

caixa registradora
kartun p'uktaki

caixer
kajiru

llista de la compra
sinru qillqa rantina

horari d'obertura
sumaq runa uyarina phani

portamonedes
qullqi wayaqa

carta de crèdit
tarjita kriditumanta

bossa
plastiko wayaqa

bossa de plàstic
plastiku wayaqa

supermercat - jatun qhatu

begudes
upyanakuna

aigua
yaku

suc
jilli

llet
ch'awa

coca-cola
coca cola

vi
vino

cervesa
sirwisa

alcohol
alkula

cacau
kakawu

te
te

cafè
caji

espresso
ieksprisu

cappuccino
capuchinu

menjar
mikhuna

banana
platanu

poma
mansana

taronja
laranja

síndria
milun

llimona
limun

pastanaga
sanawrya

all
aju

bambú
wamwu

ceba
siwulla

bolet
champiñun

avellanes
awillana

fideus
jirius

menjar - mikhuna

espaguetis
ispawiti

arròs
arrus

amanida
sarsa

patates fregides
papa kanka

patates fregides
papa kanka

pizza
pitsa

hamburguesa
amwirkisa

entrepà
sanwich

escalopa
jiliti

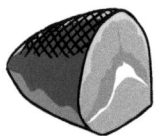

cuixot
jamun

salami
salami

salsitxa
salchicha

pollastre
chichilu

rostit
aycha kanka

peix
challwa

menjar - mikhuna

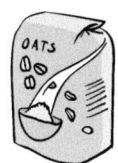

flocs de civada
p'aqa awina

musli
muesli

cereals
p'aqa sara

farina
jak'u

croissant
krwasan

panet
k'awka

pa
t'anta

torrada
t'anta jamk'a

bescuits
khamuna

mantega
mantikilla

quallada
ñuqñu

pastís
pastil

ou
runtu

ou fregit
runtu kanka

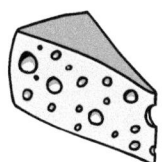

formatge
masara

menjar - mikhuna

gelat
chullunka misk'i

sucre
misk'i

mel
wayrunq'u misk'i

melmelada
mirmilara

crema de xocolata
krima turrunmanta

curri
kurri

menjar - mikhuna

granja
chakra wasi

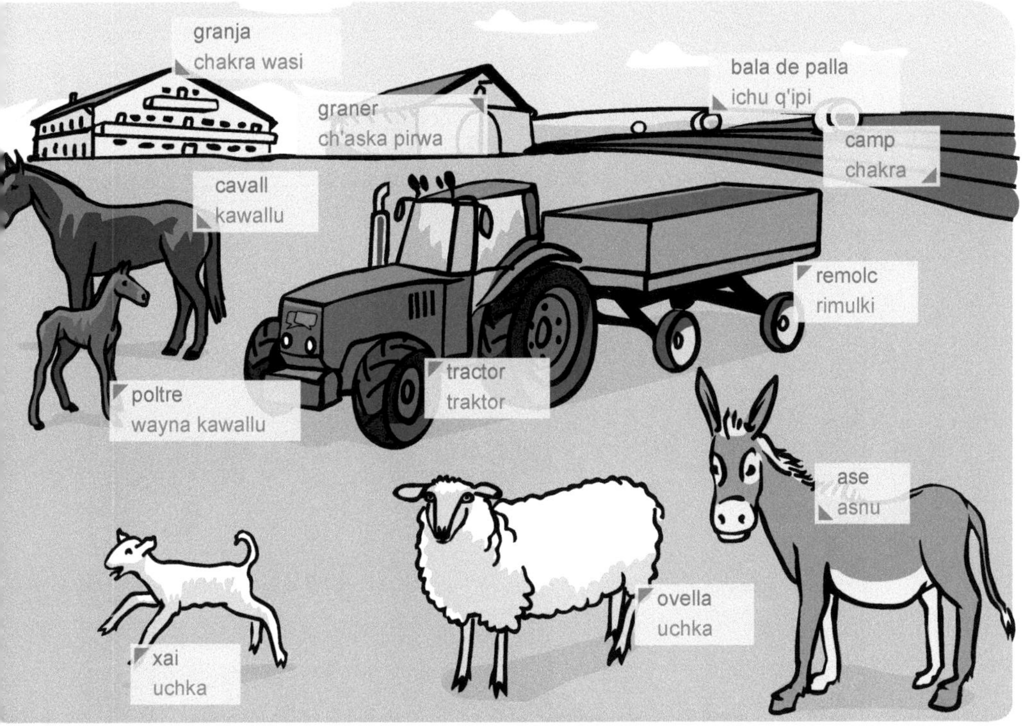

- granja / chakra wasi
- graner / ch'aska pirwa
- bala de palla / ichu q'ipi
- camp / chakra
- cavall / kawallu
- remolc / rimulki
- tractor / traktor
- poltre / wayna kawallu
- ase / asnu
- xai / uchka
- ovella / uchka

cabra
karwa

vaca
waka

vedella
waka uña

porc
khuchi

garrí
khuchi uña

bou
turu

granja - chakra wasi

oca
wallata

ànec
pili

poll
chchilu

gall
wallpa

gallina
k'anka

rata
jatun juk'ucha

gat
misi/michi

ratolí
juk'ucha

bou
turu

gos
alqu

gossera
alquwasi

mànega de reg
mankira

regadora
qarpana jalp'a

dalla
rutuna

arada
taklla

granja - chakra wasi

falç
rutuna

aixada
liwk'ana

rastell
sipina

destral
ayri

carretó
kapachu

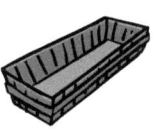

abeurador
yaku upyana

lletera
willalli purunku

sac
jatun wayaqa

tanca
jark'aq ch'ipa

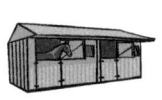

establa
kancha wasi

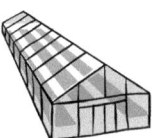

hivernacle
inwirnadiru

sòl
pampa

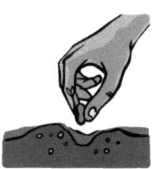

llavor
muju

adob
wanu

collidora
makina allana

granja - chakra wasi

collir
allay

collita
allay

nyam
ñame

blat
tiriwu

soja
soya

patata
papa

blat de moro o d'indi
sara

colza
kulsa luru

arbre fruiter
wayu sach'a

mandioca
mandiuka

cereals
ch'aki puquy

granja - chakra wasi

casa
wasi

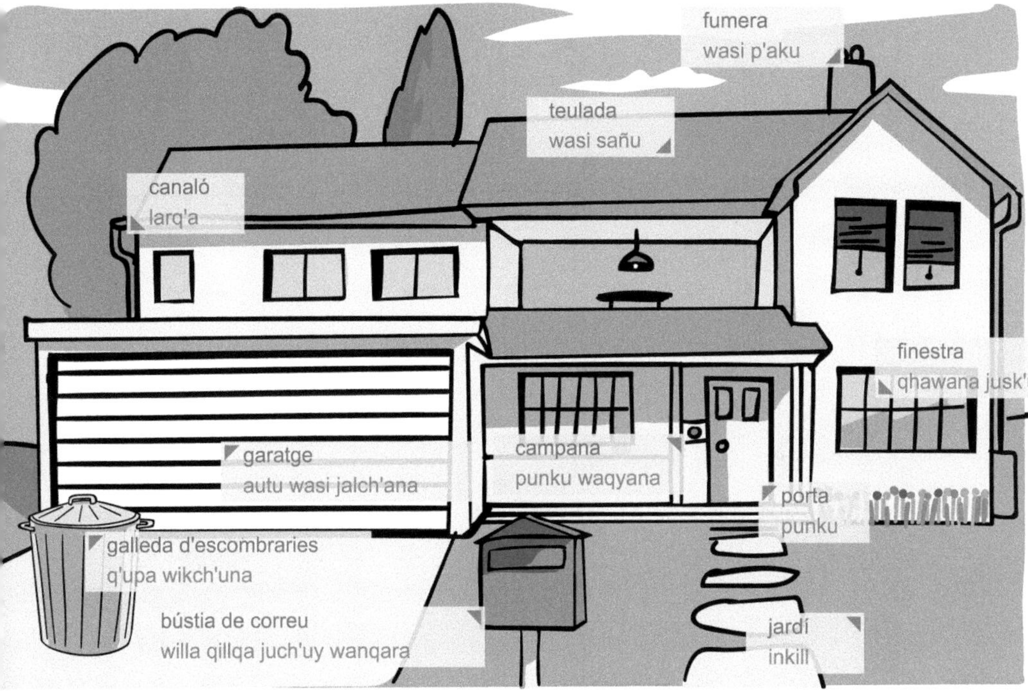

fumera
wasi p'aku

teulada
wasi sañu

canaló
larq'a

finestra
qhawana jusk'u

garatge
autu wasi jalch'ana

campana
punku waqyana

porta
punku

galleda d'escombraries
q'upa wikch'una

bústia de correu
willa qillqa juch'uy wanqara

jardí
inkill

sala d'estar

k'illi wanlla

bany

akana wasi

cuina

wayk'una wasi

cambra de dormir

puñuna wasi

cambra de nen

wawa k'uchu

menjador

mikhuna k'uchu

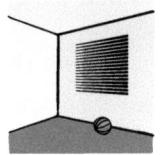
sòl
pampa

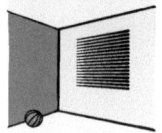
paret
pirqa

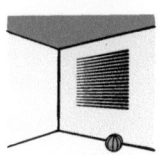
sostre
wasip khatan

soterrani
wasi ukhun

sauna
sawna

balcó
walkun

terrassa
pirqa

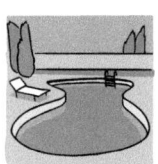
piscina
armakuna

tallagespa
k'achina

vànova
iqana

cobrellit
khatana

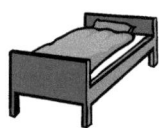
llit
puñuna

escombra
pichana

galleda
yaku aysana

interruptor
k'ancha jap'ichiq

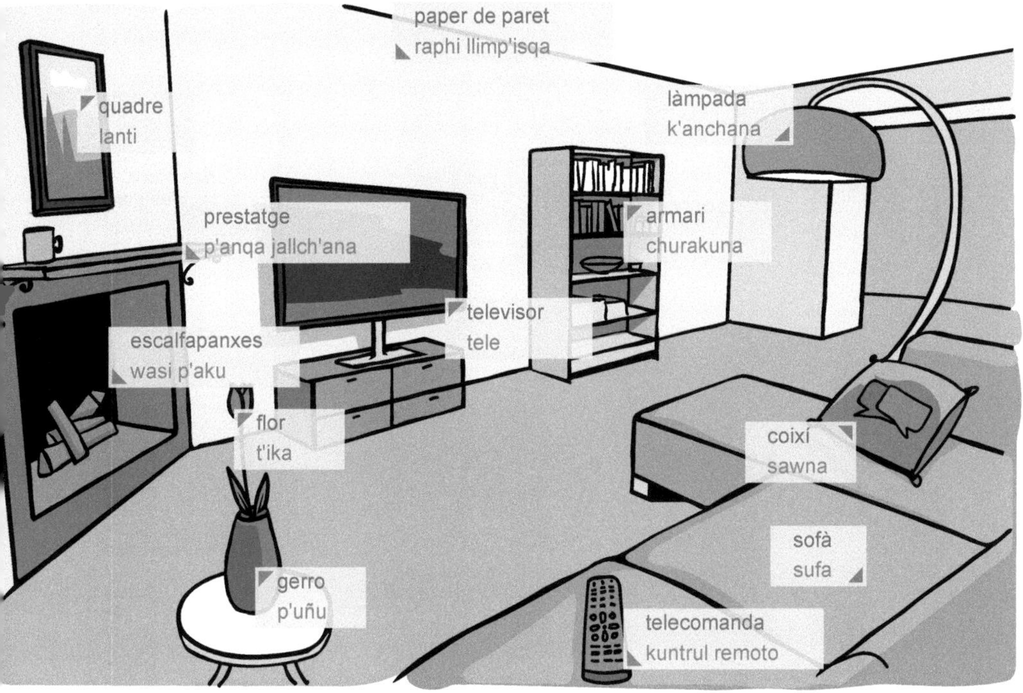

sala d'estar
k'illi wanlla

- paper de paret / raphi llimp'isqa
- quadre / lanti
- làmpada / k'anchana
- prestatge / p'anqa jallch'ana
- armari / churakuna
- escalfapanxes / wasi p'aku
- televisor / tele
- flor / t'ika
- coixí / sawna
- gerro / p'uñu
- sofà / sufa
- telecomanda / kuntrul remoto

catifa
pampa mast'ana

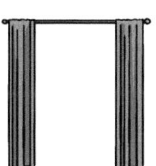

cortina
arapa

taula
jamp'ara

cadira
tiyana

cadira gronxadora
chhuku tiyana

cadiral
kirana

sala d'estar - k'illi wanlla

llibre	llençol	decoració
p'anqa	mast'a	t'ikanchay

foguera	film	cadena de música
llamt'a	pelikula	takina ekipu

clau	diari	pintura
ch'atana	mit'awa	llimp'i

cartell	ràdio	bloc de notes
poster	wayra simi	qillqana p'anqa

aspiradora	cactus	candela
aspiradora	pukru	ispilma

cuina
wayk'una wasi

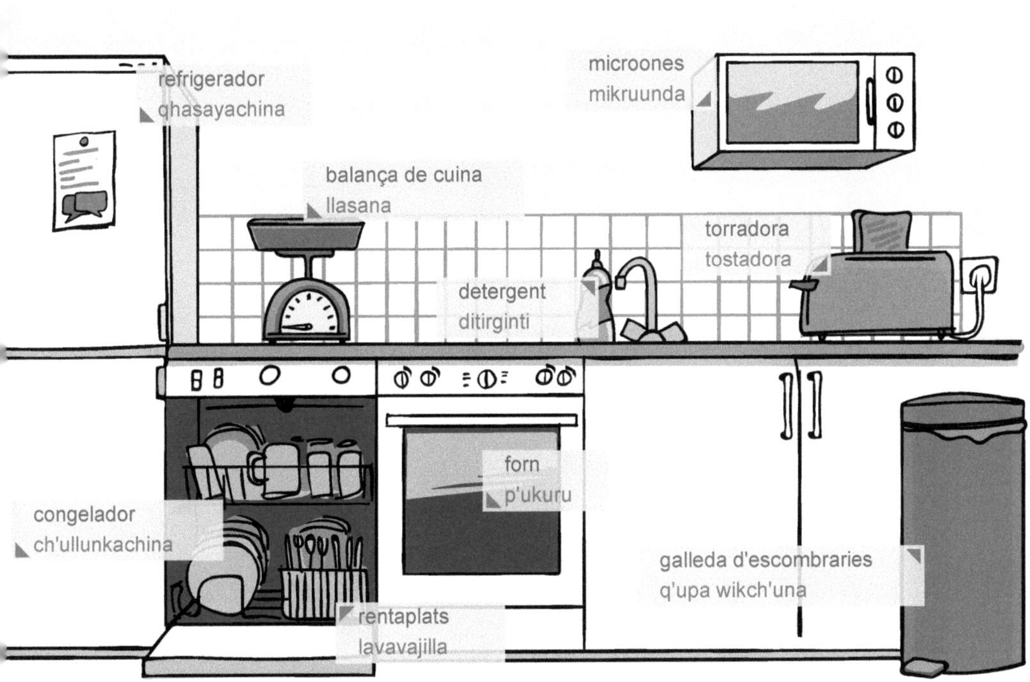

- refrigerador / qhasayachina
- microones / mikruunda
- balança de cuina / llasana
- torradora / tostadora
- detergent / ditirginti
- forn / p'ukuru
- congelador / ch'ullunkachina
- galleda d'escombraries / q'upa wikch'una
- rentaplats / lavavajilla

fogons
presiun manka

olla
manka

olla de ferro colat
q'illa manka

wok / karahi
wok

paella
payla

bullidor
thimpuchina

olla de vapor
wapsina

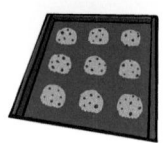

plata de forn
p'ukuru punku

vaixella
vajilla

tassó
tasa

bol
tason

bastonets xinesos
palillo

culler
wislla

espàtula
phusuqa urquna

batedor
qaywina

colador
isanka

sedàs
suysuna

ratllador
thupana

morter
kutana

barbacoa
kawitu

fogó
nina jap'ichina

cuina - wayk'una wasi

taula de tallar
k'ullu kuchunapaq

corró
tuquru

llevataps
sacacurchu

pot de conserva
lata

obridor
lata kichana

agafador
jap'ina

aigüera
chuwa mayllana

raspall
sipillu

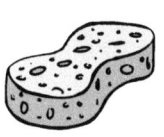

esponja
ispunja

batedora
watidora

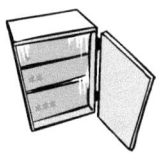

congelador
ch'ullunkachina

biberó
biberon

aixeta
grifo

cuina - wayk'una wasi

bany
akana wasi

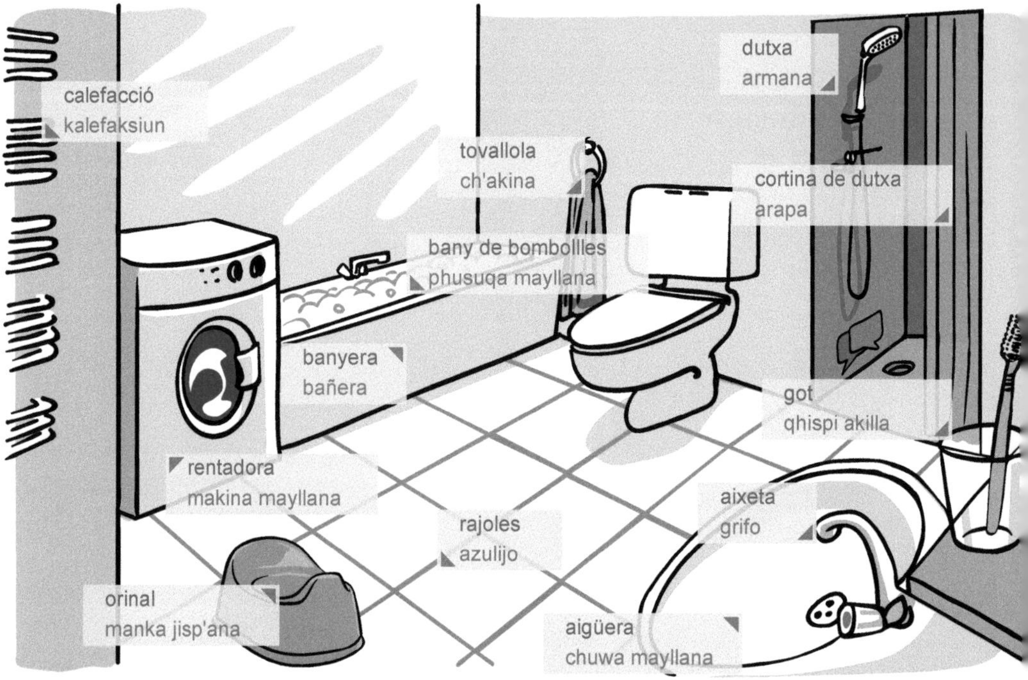

- calefacció / kalefaksiun
- tovallola / ch'akina
- bany de bombolles / phusuqa mayllana
- banyera / bañera
- rentadora / makina mayllana
- orinal / manka jisp'ana
- rajoles / azulijo
- aigüera / chuwa mayllana
- aixeta / grifo
- got / qhispi akilla
- cortina de dutxa / arapa
- dutxa / armana

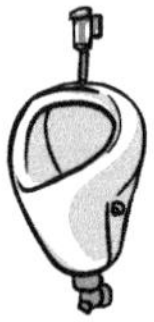

lavabo	lavabo turc	bidet
akana	yakupaka	bidet
orinador	paper higiènic	escombreta de sanitari
jisp'ana	papel higieniku	water pichana

bany - akana wasi

raspall de dents
kiru khituna

pasta de dents
kiru pasta

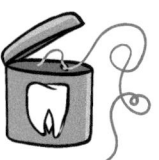
fil dental
kiru q'aytu

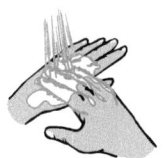
rentar
mayllay

pom de dutxa
armana makiwan

dutxa íntima
armana

rentamans
pila

raspall per a l'esquena
wasa cepillo

sabó
t'arta

gel de dutxa
llukllu armanapaq

xampú
champu

manyopla de bany
ch'akina

bonera
ch'chi yaku wikch'una

crema
krima

desodorant
kuntu wayllak'upaq

bany - akana wasi

mirall	mirall-espill de mà	maquineta de rasar
qhispi	qhawakunaqhispi	mumikuna

espuma de barbejar	loció post-rasada	pinta
phusuqu mumikunapaq	lusiun mumikunapaq	sikrana

  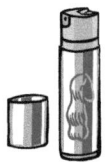

raspall	eixugador	laca
kuiru khituna	sekadora	ispray

maquillatge	pintallavis	esmalt d'ungles
makillaji	simi llimp'ina	llimp'i sillu

cotó	tallaungles	perfum
ampi	sillu k'utuna	untu

bany - akana wasi

necesser
wayaqa ch'usanapaq

tamboret
chukuna

bàscula
aysana

barnús
bata

guants de goma
maki wayaqa gumamanta

tampó
tampon

compresa
raphi ch'akina

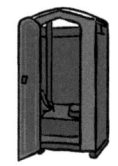

sanitari químic
akanapaq tiyana kimiku

cambra de nen
wawa k'uchu

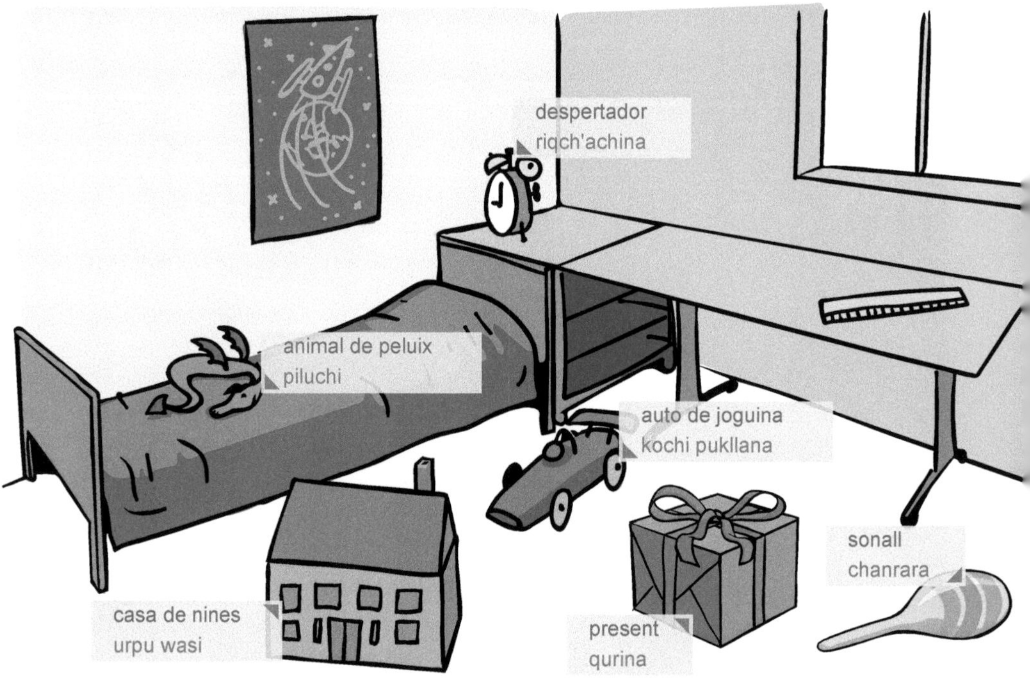

- despertador / riqch'achina
- animal de peluix / piluchi
- auto de joguina / kochi pukllana
- casa de nines / urpu wasi
- present / qurina
- sonall / chanrara

baló / phuyu phuku

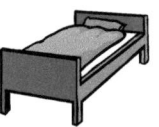

llit / puñuna

cotxet per a nens / wawa kochi

joc de cartes / naypi

trencaclosca / pusli

historieta / riwista

peces de lego
legukuna

pedres de construcció
wluki pukllana

ninot d'acció
figura aksionmanta

granota
wuri wawapaq

frisbee
friswi

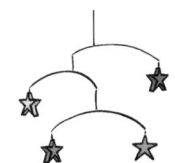

mòbil per a bressol
wawa marq'a

joc de taula
jamp'ara pukllana

daus
dado

tren elèctric
trin iliktriko purina

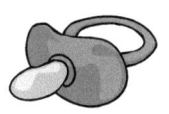

maniquí
maniki

festa
raymi

llibre de dibuixos
futu p'anqa

pilota
p'ulu

nina
urpu

jugar
pukllay

cambra de nen - wawa k'uchu

sorrera
t'iyu p'utaki

gronxador
wallunk'a

joguines
pukllana

consola de jocs de vídeo
wiriukunsula

tricicle
trisiklu

osset de pelfa
jukumari pukllana

armari
p'acha jallch'ana

roba
p'acha

mitjons
chakiwayaqa

mitges
chakiwayaqa qharipaq

mitja pantaló
chakiwayaqa

bodi
wuri

pantalons
pantalu kurtu

jeans
wakiru

faldeta
arphi

brusa
wulusa

camisa
kamisa

jersei
chumpa

dessuadora
chumpa

blazer
blazer

jaqueta
chakita

mantell
qhata

impermeable
yawardina

vestit de dona
traji

vestit de dona
wistiru

vestit de núvia
wistiru nowiamanta

roba - p'acha

vestit d'home

traji

camisa de dormir

kamisun

pijama

piyama

sari

sari

mocador de cap

wandana

turbant

turbante

burca

burka

caftan

kaftan

abaia

abaya

vestit de bany

traje mayllakunapaq

calçotet de bany

p'acha mayllakunpaq

pantalons curts

kurtu

xandall

p'acha tukuy p'unchawpaq

davantal

dilantal

guants

makiwayaqa

roba - p'acha

botó
ch'itana

ulleres
gafakuna

braçalet
maki watana

collaret
wallqa

anell
siwi

orellera
linri quri

casquet
q'aspa

penjador
p'acha warkhuna

barret
chharara

corbata
kurbata

cremallera
pantalu wisk'ana

casc
kasku

elàstics
tirantikuna

uniforme escolar
uniforme

uniforme
uniformi

roba - p'acha

pitet

llawsanapaq

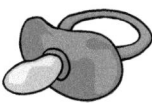

maniquí

maniki

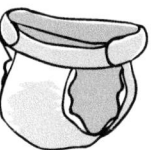

bolquer

jananta

oficina
ujisina

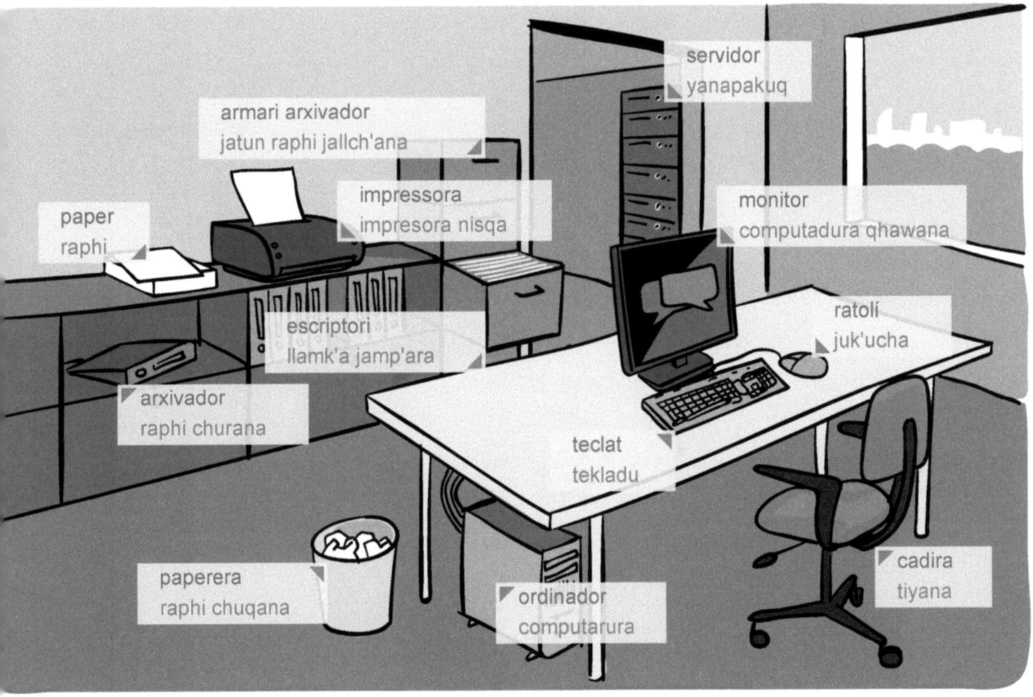

- servidor / yanapakuq
- armari arxivador / jatun raphi jallch'ana
- impressora / impresora nisqa
- paper / raphi
- monitor / computadura qhawana
- escriptori / llamk'a jamp'ara
- ratolí / juk'ucha
- arxivador / raphi churana
- teclat / tekladu
- paperera / raphi chuqana
- ordinador / computarura
- cadira / tiyana

tassa de cafè

tasa cajimanta

calculadora

calcularura

Internet

intirnit

ordinador portàtil
laptop

lletra
chaki qillqa

missatge
willachiy

mòbil
silular

xarxa
red

fotocopiadora
futukopia

programari
software

telèfon
tilijunu

presa de corrent
toma corriente

fax
faks

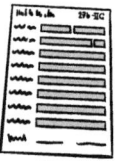
formulari
jurmulario

document
asuy qillqa

oficina - ujisina

economia
qullqikamay

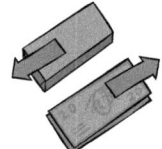

comprar
ranqhay

pagar
qupuy

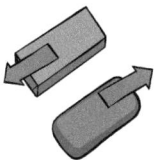

comerciar
ranqhay

diners
qullqi

dòlar
dólar qullqi

euro
iwro qullqi

ien
yen qullqi

ruble
ruwlu qullqi

franc suís
juranku swisu qullqi

renminbi yuan
rinminwi qullqi

rupia
rupia qullqi

caixer automàtic
kajiru awtumatiku

oficina de canvi	or	argent
qullqi rantina wasi	quri	qullqi

petroli	energia	preu
pitruliu	kallpa	yupa
		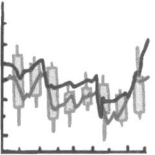
contracte	impost	acció
mink'ay	impuistu	aksiun

treballar	treballador	empresari
llamk'ay	llamk'achiq	llamk'achiq

fàbrica	botiga	
puquchiy kiti	tienda	

economia - qullqikamay

oficis
llamk'aykuna

- oficial de policia / ajinti policiamanta
- bomber / wumwiru
- cuiner / wayk'uq
- doctor / jampi kamayuq
- pilot / pilutu

jardiner
inkill kamayuq

fuster
llaqllaykamayuq

costurer
siraykamayuq

jutge
khuskachaq

químic
jampi ranqhaq

actor
aranwaq

conductor d'autobús
awtuwus q'iwiq

taxista
taksi q'iwiq

pescador
challwakamayuq

dona de la neteja
pichaq

ensostrador
wasip qhatan

cambrer
wayna yanapaq

caçador
chakuykamayuq

pintor
llimp'iq

forner
t'antiri

electricista
iliktrisista

obrer de la construcció
llam'kaq

enginyer
k'llikacha

carnisser
ñak'aq

llanterner
yaku kamayuq

correu
qillqa apaq

oficis - llamk'aykuna

soldat
awqakuq

arquitecte
wasikamayuq

caixer
kajiru

florista
t'ikachaq

perruquer
chukcharutuq

revisor
q'iwichiq

mecànic
mikaniku

capità
wamink'a

dentista
kirukamayuq

científic
jamawt'a

rabí
rawinu

imam
k'askachimuq

monjo
munji

cura
tata kura

oficis - llamk'aykuna

eines
ruk'awi

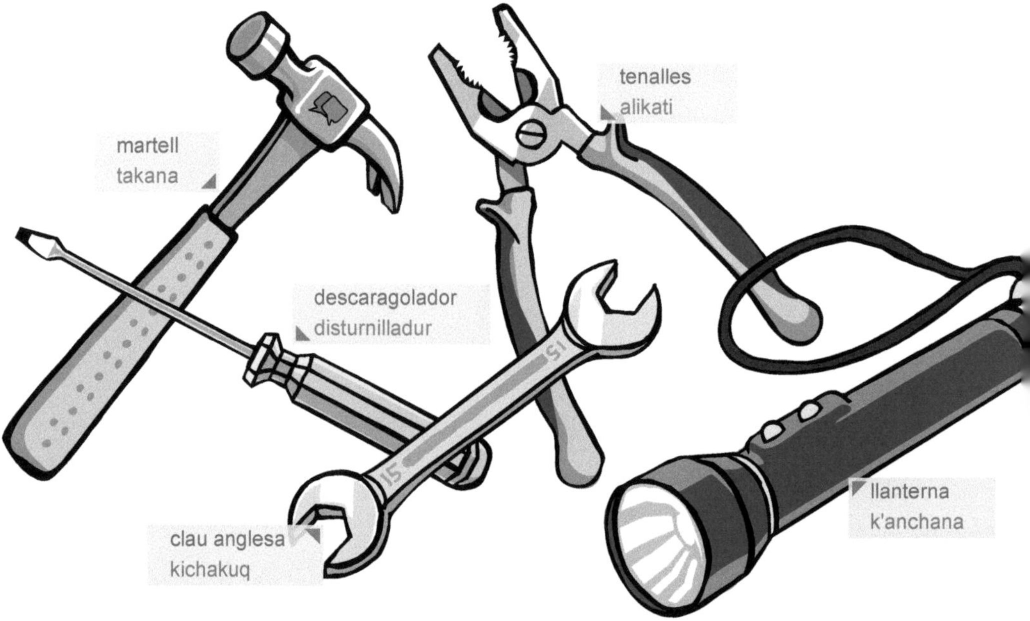

martell
takana

tenalles
alikati

descaragolador
disturnilladur

clau anglesa
kichakuq

llanterna
k'anchana

excavadora

ikskawadura

caixa d'eines

ruk'awi p'uktaki

escala

wichana makiyuq

serra

sierra

claus

takarpu

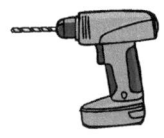

trepant

talaru

reparar
allinchay

pala
lampa

Maleït siga!
¡Supay apachun!

pala
q'upa tantana

pot de pintura
llimp'i churana

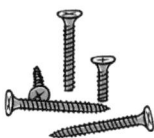

caragols
turnillukuna

instrument de música
takichiy nakuna

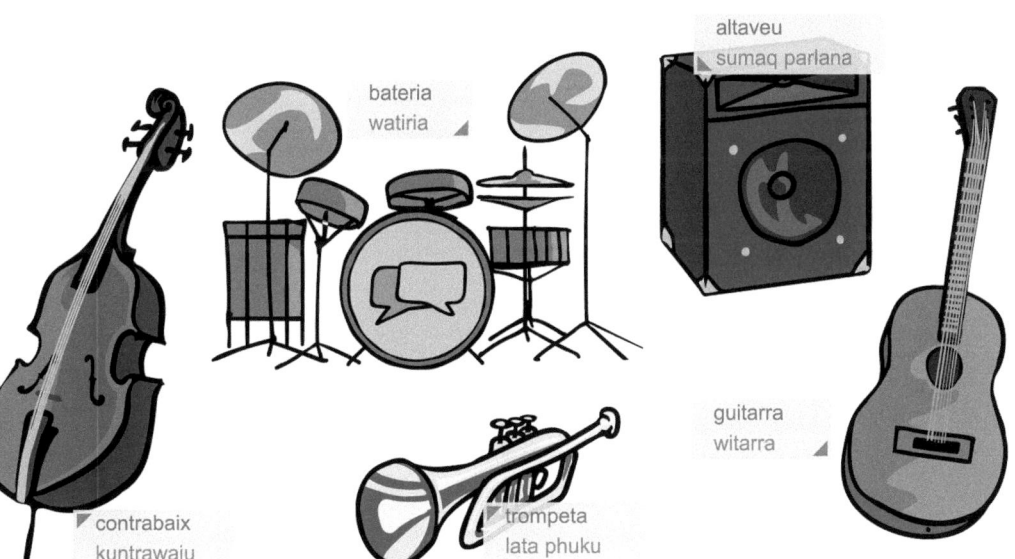

bateria / watiria

altaveu / sumaq parlana

guitarra / witarra

contrabaix / kuntrawaju

trompeta / lata phuku

piano
pianu

violí
wiulin

baix
waju

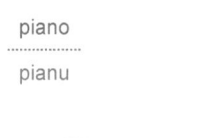
timbal
tinwalis

tambor
wankar

teclat
tikladu

saxofon
saksu

flauta
phukuna

micròfon
mikrufunu

instrument de música - takichiy nakuna

ZOO
jatun uywa kancha

- tigre / uthurunku
- gàbia / ch'iwa
- zebra / siwra
- aliment per a animals / uywa mikhunan
- entrada / yaykuna
- ós panda / panda

animals
uywa

elefant
ilijanti

cangurú
kanguru

rinoceront
rinusirunti

goril·la
gurila

ós
jukumari

zoo - jatun uywa kancha

camell
kamillu

estruç
suri

lleó
puma

simi
k'usillu

flamenc
pariwana

papagai
q'ichichi

ós polar
pular jukumari

pingüí
pinwinu

ca mari
tiwurun

paó
pawu

serp
katari

cocodril
kukuwurilu

guardià del zoo
jatun uywa kancha arariwa

foca
fuka

jaguar
uthurunku

zoo - jatun uywa kancha

poni
puni

lleopard
lliwpardu

hipopòtam
hipuputamu

girafa
jirafa

àliga
anka

senglar
sintiru

peix
challwa

tortuga
turtuga

morsa
mursa

guineu
atuq

gasela
gacila

zoo - jatun uywa kancha

esports
atipanaku pukllay

futbol americà
amerikanu papawki pukllay

ciclisme
siklu rumpiy

tenis
tenis

bàsquet
isanka papawki

natació
wat'aku

hoquei sobre gel
joki

boxa
ñuk'anaku

futbol americà
papawki pukllay

bàdminton
watmintun

atletisme
lanlak

handbol
kakcha

esquí
iski

polo
pulu

activitats
ruwakuna

- saltar / phinkiy
- riure / asiy
- abraçar / mak'alliy
- cantar / takiy
- anar / puriy
- pregar / mañakuy
- fer un petó / much'ay
- somiar / musquy

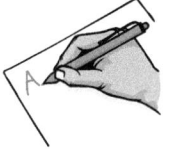

escriure
qillqay

dibuixar
t'iktuy

mostrar
qhawachiy

empènyer
tanqay

donar
quy

prendre
uqhariy

activitats - ruwakuna

tenir
yuq

fer
ruway

ésser
kay

estar dret
sayay

córrer
t'ijuy

estirar
chuqay

llençar
chuqay

caure
urmay

jeure
siriy

esperar
suyay

portar
apay

asseure's
chukuchiy

vestir-se
p'achachakuy

dormir
puñuy

despertar-se
rikch'ay

activitats - ruwakuna

mirar
qhaway

plorar
waqay

picar
waylluy

pentinar
sikray

parlar
rimay

comprendre
unanchay

demanar
tapuy

escoltar
uyariy

beure
upyay

menjar
mikhuy

endreçar
kamachiy

estimar
khuyay

cuinar
wayk'uy

conduir
q'iwiy

volar
phaway

activitats - ruwakuna

navegar
wamp'uy

calcular
yupanchay

llegir
ñawiriy

aprendre
yachay

treballar
llamk'ay

casar-se
sawaray

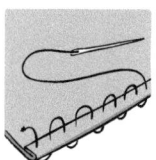
cosir
siray

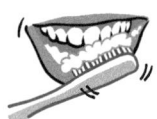
raspallar-se les dents
kiru khitukuy

matar
wanchiy

fumar
pitay

enviar
kachay

activitats - ruwakuna

família
yawar masikuna

àvia / jatun mama
avi / jatun tata
pare / tata
mare / mama
nadó / wawa
filla / warmi wawa / ususi
fill / qhari wawa / churin

convidat
jamuynisqa

tia
ipa

oncle
kaki

germà
tura/wawqi

germana
ñaña/pana

família - yawar masikuna

cos
uqhu

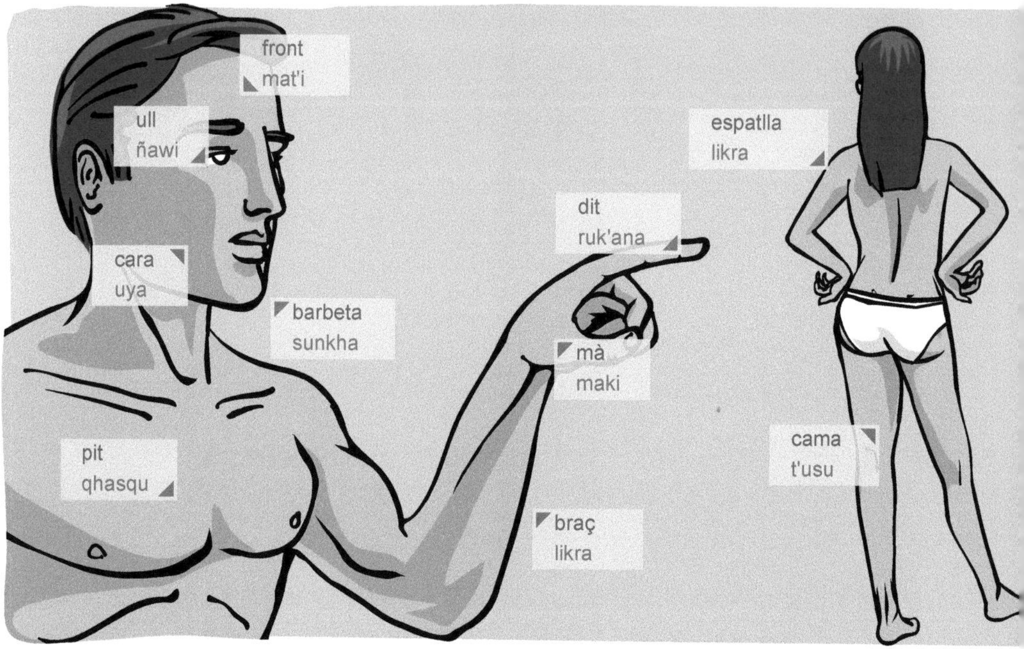

- front / mat'i
- ull / ñawi
- espatlla / likra
- dit / ruk'ana
- cara / uya
- barbeta / sunkha
- mà / maki
- pit qhasqu
- cama / t'usu
- braç / likra

nadó
wawa

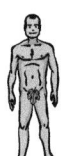

home
qhari

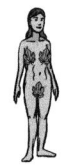

dona
warmi

noia
sipas

noi
yuqalla

cap
uma

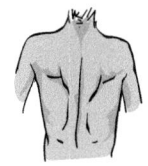

esquena
wasa

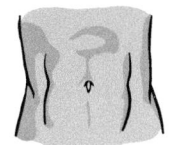

panxa
wisa ukhu

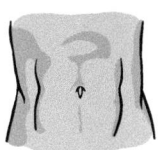

melic
pupu

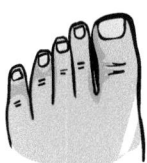

dit gros del peu
ruk'ana

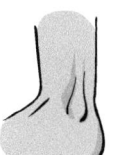

taló
takillpa

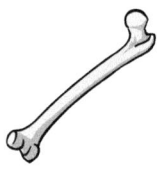

os
tullu

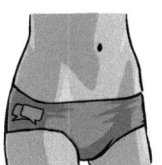

maluc
chaka

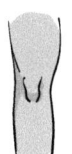

genoll
muqu

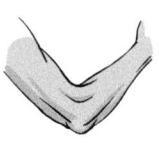

colze
maki muqu

nas
sinqa

cul
siki

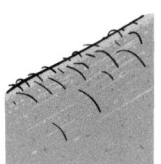

pell
qara

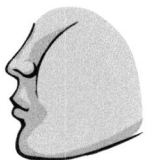

galta
k'aqlla

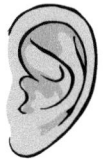

orella
linri

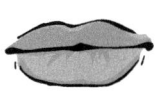

llavi
sipri

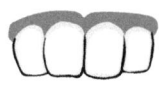

boca — simi
dent — kiru
llengua — qallu

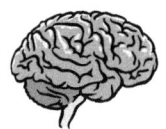
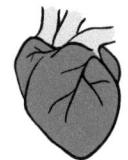

cervell — ñuqtu
cor — sunqu
múscul — mach'i

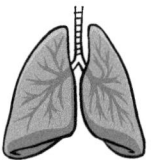

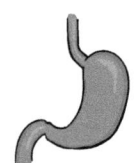

pulmó — surq'an
fetge — k'iwicha
estómac — wisa

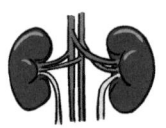

ronyó — wasa ruru
sexe — lluq'anaku
preservatiu — condon

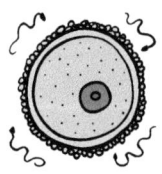

ovari — ch'uytu
semen — yuma
prenyat — wiksayuq kay

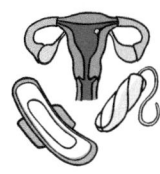

menstruació
k'ikuy

vagina
rakha

penis
ullu

cella
qhichira

cabells
chukcha

coll
kunka

hospital
Jampina wasi

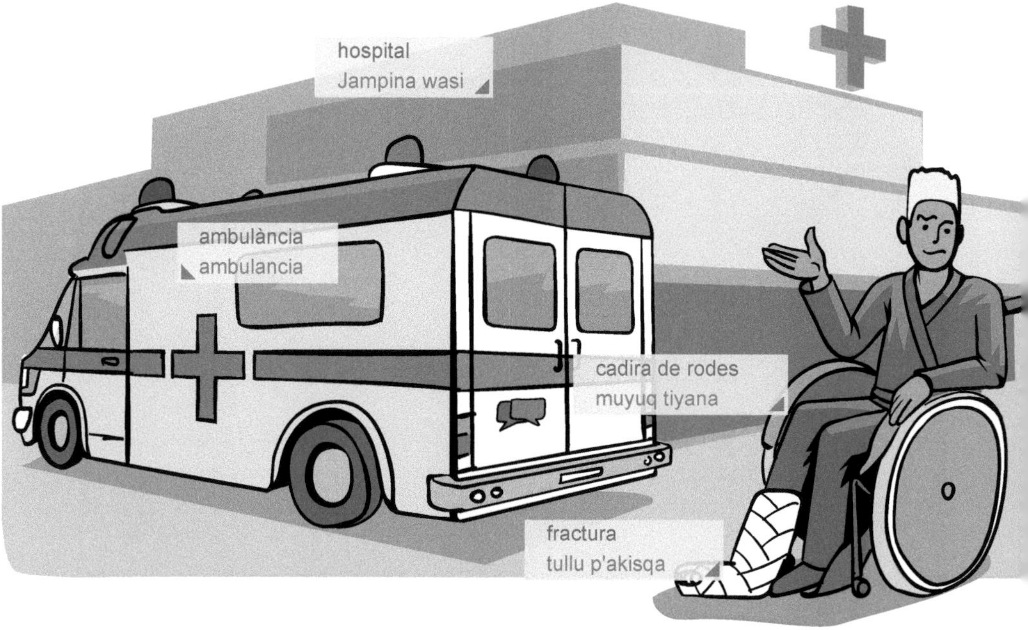

hospital
Jampina wasi

ambulància
ambulancia

cadira de rodes
muyuq tiyana

fractura
tullu p'akisqa

doctor
jampi kamayuq

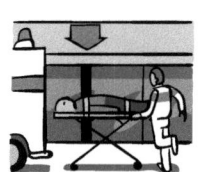

sala d'urgències
urgencia wasi

infermera
jampi yanapaq

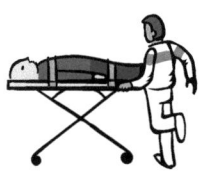

urgència
urjinsia

inconscient
mana yuyayniyuqchu

dolor
nanay

ferida
ñuti

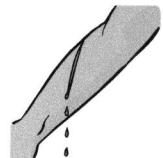
sagnament
sirk'ay

atac de cor
infarto

apoplexia
wayra

al·lèrgia
millachikuq

tos
ch'uju

febre
k'aja unquy

gripa
p'urqi

diarrea
q'icha

mal de cap
uma nanay

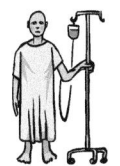
càncer
isqu unquy

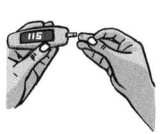
diabetis
diyawitis

cirurgià
jampi kamayuq

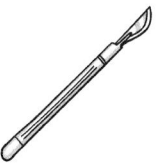
escalpel
bisturi

operació
upirasiun

tomografia computada (TC),
TAC
....
TAC

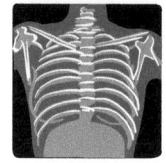

raigs x
....
tullurikuchi

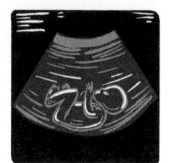

ultrasò
....
ultrasunidu

mascareta
....
jark'ana

malaltia
....
unquy

sala d'espera
....
suyanapaq k'illi wanlla

crossa
....
tawna

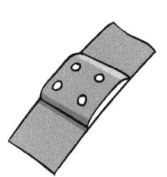

tireta
....
tinta

embenat
....
manku

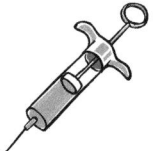

injecció
....
inyiksiun

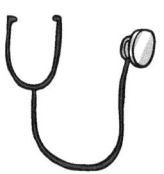

estetoscopi
....
istituskupiu

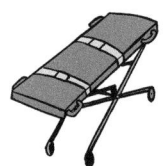

llitera
....
kallapu

termòmetre clínic
....
llaphi tupuna tupu

pariment
....
paqarisqa

sobrepès
....
wirachasqa

hospital - Jampina wasi

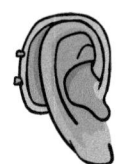
aparell auditiu
audifono

desinfectant
disinjiktanti

infecció
q'iyacha

virus
miyu

VIH / SIDA
VIH / SIDA

medicina
jampi

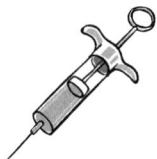
vaccí
wakuna

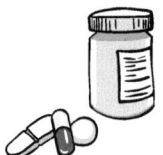
comprimits
tawlitakuna

pastilla
pastilla

trucada d'urgència
usqay waqyana

tensiòmetre
tinsiumitru

malalt / sa
unqusqa / qhali

hospital - Jampina wasi

urgència
urjinsia

Socors!	 alarma	 assalt
¡Yaw!	alarma	manchay
 atac	 perill	 sortida d'urgència
waykha	chhiki	punku utqay lluqsinapaq
Foc!	 extintor	 accident
¡Nina!	nina wañichiq	ñak'ariy
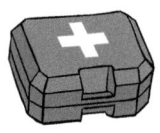 farmaciola de primers auxilis	 SOS	 policia
botiquin de primeros auxilios	SOS	pulisiya

terra
Pacha

Europa
Iwrupa

Amèrica del Nord
Chincha Amerika

Amèrica del Sud
Qulla Amerika

Àfrica
Ajurika

Àsia
Asia

Austràlia
Awstralia

Atlàntic
Atlantiku

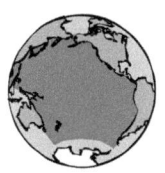
Pacífic
Pasijiku

Oceà Índic
Indiku mama qucha pacha

Oceà Antàrtic
Antartiku mama qucha pacha

Oceà Àrtic
Artiku mama qucha pacha

pol nord
chincha pulu

pol sud
qulla pulu

Antàrtida
Antartida

terra
Pacha

país
jallp'a

mar
mama qucha

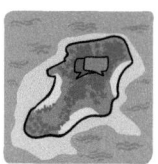

illa
tara

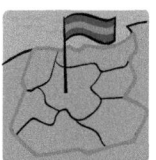

nació
llaqta

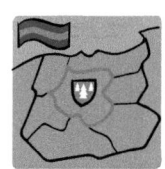

estat
Suyu

rellotge
phani (kuna)

quadrant

muruq'u

agulla de les hores

phani tuqsiq

agulla dels minuts

chininiq

agulla dels segons

ch'ipu yupaq

Quina hora és?

¿Ima phanitaq?

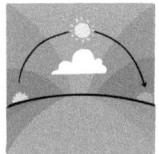

dia

p'unchaw

temps

pacha

ara

kunan

rellotge digital

dijital inti watana

minut

chinini

hora

phani

setmana
qanchischaw

dilluns
killachaw

dimarts
atichaw

dimecres
quyllurchaw

dijous
illpachaw

divendres
ch'askachaw

dissabte
k'uychichaw

diumenge
intichaw

ahir
qayna

avui
kunan

demà
p'unchaw

matí
p'unchaw

migdia
chawpi p'unchaw

tarda
sukha

dia feiner
llamk'ana p'unchawkuna

cap de setmana
tukuq qanchischawnin

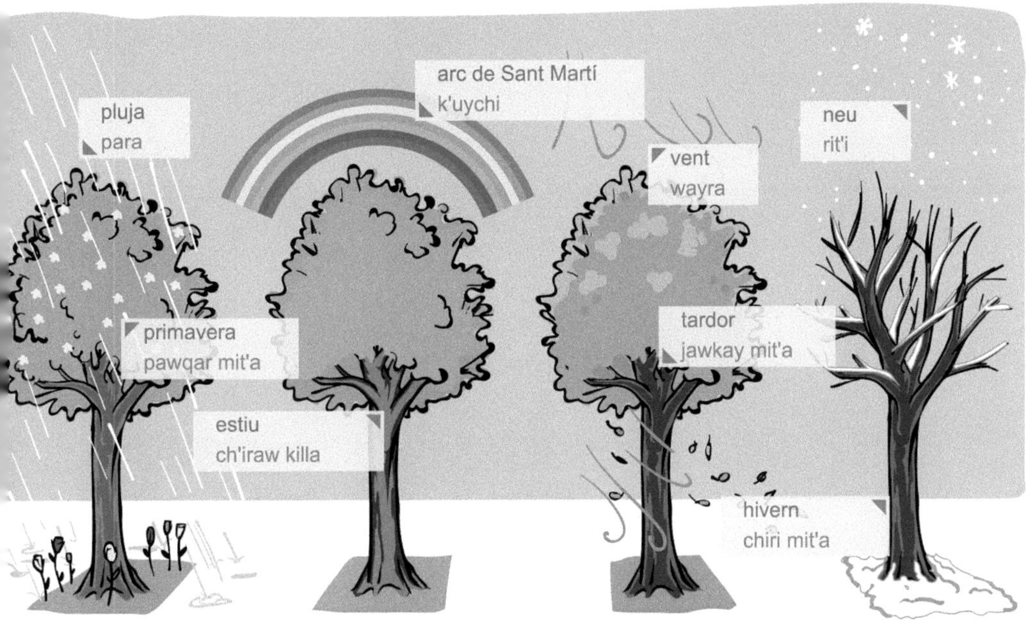

any
wata

- pluja / para
- arc de Sant Martí / k'uychi
- vent / wayra
- neu / rit'i
- primavera / pawqar mit'a
- estiu / ch'iraw killa
- tardor / jawkay mit'a
- hivern / chiri mit'a

pronòstic del temps

inti raki

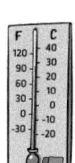

termòmetre

tirmumitru

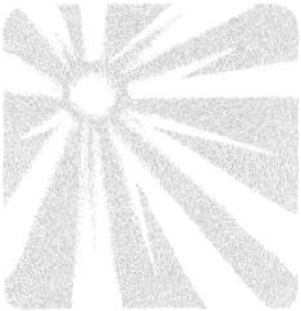

llum del sol

inti

núvol

phuyu

boira

phuyu

humitat de l'aire

juq'u

llamp
illapa

tro
illapa

tempesta
tamya

calamarsa
chikchi

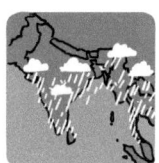

monsó
muyuq wayra

inundació
lluqlla

gel
chullunka

gener
qhaqmiy killa

febrer
jatunpuquy killa

març
pachapuquy killa

abril
ariwaki killa

maig
aymuray killa

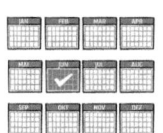

juny
jawkaykuskuy killa

juliol
chakrakunakuy killa

agost
chakraypuy killa

any - wata

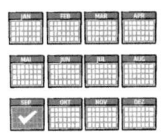
setembre
tarpuy killa

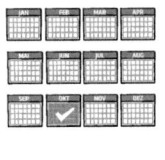
octubre
pawqarwara killa

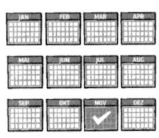
novembre
ayamarq'ay killa

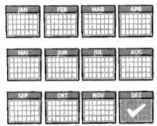
desembre
qhapaq inti raymi killa

formes
pacha tupusqa rikch'ay

cercle
muyu yupa

quadrat
tawak'uchu yupa

rectangle
sayt'u yupa

triangle
kimsa k'uchu yupa

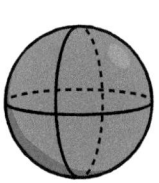
esfera
muruq'u

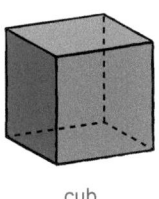
cub
yupa wayru

colors
llimp'ikuna

blanc
yurak

groc
q'illu

taronja
willapi

rosa
panti

vermell
puka

lila
kulli

blau
anqas

verd
q'umir

marró
ch'umpi

gris
uqi

negre
yana

oposats
wakjinakuna

molt / poc
achkha / pisi

emprenyat / tranquil
phiña / qhasi

bonic / lleig
k'acha / millay

començament / fi
qallariy / tukuy

gran / petit
jatun / juch'uy

clar / fosc
sut'i / tuta

germà / germana
wawqi / pana

net / brut
llimphu / ch'ichi

complet / incomplet
junt'asqa / mana junt'asqa

dia / nit
p'unchaw / tuta

mort / viu
wañusqa / kawsaq

ample / estret
chhuqu / k'ichki

comestible / immenjable

mikhunapaq / mana mikhunapaqchu

dolent / amable

sakra / k'acha

entusiasmat / entediat

kusisqa / majisqa

gros / prim

rakhu / tullu

primer / darrer

ñawpaq / qhipa

amic / enemic

masi / awqa

ple / buit

junt'a / ch'in

dur / tou

k'urki / llamp'u

pesant / lleuger

llasa / chhalla

gana / set

yarqhay / ch'akiy

malalt / sa

unqusqa / qhali

il·legal / legal

chanin / mana chanin

intel·ligent / ximple

yuyaysapa / upa

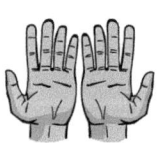

esquerra / dreta

lluq'i / paña

prop / llunyà

qaylla / karu

oposats - wakjinakuna

nou / usat
musuq / mawk'a

res / quelcom
ch'usaq / imapis

vell / jove
machu / wayna

encès / apagat
jap'isqa / wanchisqa

obert / tancat
kichasqa / wisq'asqa

silenciós / sorollós
ch'in / ch'aqwa

ric / pobre
qhapaq / wakcha

correcte / incorrecte
chiqan / mana chiqan

aspre / suau
qhachqa / llamp'u

trist / content
llakisqa / kusi

curt / llarg
k'aka / karu

lent / ràpid
jayra / utqay

humid / sec - eixut
juq'u / ch'aki

calent / fred
rupha / chiri

guerra / pau
awqay / sunqu tiyakuy

oposats - wakjinakuna

nombres
yupaykuna

0
zero
ch'usak

1
u
uk

2
dos
iskay

3
tres
kimsa

4
quatre
tawa

5
cinc
phichqa

6
sis
suqta

7
set
qanchis

8
vuit
pusaq

9
nou
jisq'un

10
deu
chunka

11
onze
chunka ukniyuq

12

dotze
chunka iskayniyuq

13

tretze
chunka kimsayuq

14

catorze
chunka tawayuq

15

quinze
chunka phichkayuq

16

setze
chunka suqtayuq

17

disset
chunka qanchisniyuq

18

divuit
chunka pusaqniyuq

19

dinou
chunka jsq'unniyuq

20

vint
iskay chunka

100

cent
pacha

1.000

mil
waranqa

1.000.000

milió
junu

llengües
simikuna

anglès
inklis simi

anglès americà
amerikanu inklis simi

xinès mandarí
mandarin chinu simi

hindi
jindi simi

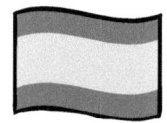

espanyol
castilla simi

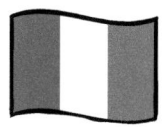

francès
fransis simi

àrab
arabia simi

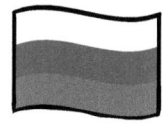

rus
rusia simi

portuguès
purtugal simi

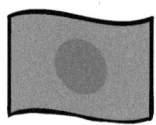

bengalí
bingali simi

alemany
alimania simi

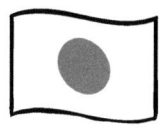

japonès
japun simi

qui / què / com
pi / ima / imayna

jo
ñuqa

tu
qam

ell / ella / allò
pay / pay / chay

nosaltres
ñuqanchik

vosaltres
qamkuna

ells
paykuna

qui?
¿pitaq?

què?
¿imataq?

com?
¿imaynataq?

on?
¿maypitaq?

quan?
¿mayk'aq?

nom
suti

on
maypi

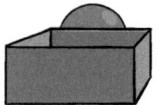

darrere

qhipa

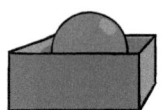

en

pi

davant de

ñawpaq

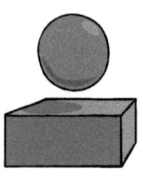

sobre

pantanpi

a

pata

sota

uranpi

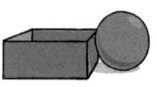

al costat

kuska

entre

chawpi

lloc

chiqan